32 Stratégies pour le tennis d'aujourd'hui

Les 32 pertinentes stratégies de tennis que vous devez savoir

Joseph Correa

DROITS D'AUTEUR

© 2016 FInibi Inc Tous les droits sont réservés.

La reproduction partielle ou totale, de ce livre est strictement interdite sans autorisation écrite de son éditeur, sauf pour de Brèves citations utilisées pour donner des avis concernant ce livre.

La distribution de ce livre par Internet ou par tout autre moyen sans l'autorisation expresse de l'éditeur et l'auteur est strictement interdite et illégale et fait objet à une poursuite judiciaire. Seul l'achat des éditions de ce livre est autorisé.

S'il vous plaît demander l'avis de votre médecin avant toute application de nos recommandations inclus dans le livre.

ACQUITTEMENTS

Ce livre est dédié à mon père, Jorge, pour tous le soutien et l'encouragement à travers les années. Son amour pour le tennis m'a montré comment ce jeu peut être amusant et lucratif.

32 Stratégies pour le tennis d'aujourd'hui

Les 32 pertinentes stratégies de tennis que vous devez savoir

Joseph Correa

DESCRIPTION

Joseph Correa , vous enseigne les stratégies et les tactiques les plus importants de tennis pour vous aider à maximiser votre potentiel . Vous allez savoir plus sur : - les stratégies de base en tennis - Stratégies de tennis avancées - Stratégies de tennis mentale - et plus encore ... Certaines des stratégies que vous allez apprendre sont : Comment battre un joueur tout- terrain. Comment battre le " précipiter au filet ". Comment battre le " Lober ". Que faire après avoir fait double faute. Apprenez les meilleurs stratégies dans ce pértinent livre de tennis, ces des stratégies qui vous fera gagner plus de matchs et de penser mieux dedans et dehors du terrain.

Gagner plus de matchs en utilisant la bonne stratégie pour chaque situation. Chaque joueur est différent dans sa propre manière. Certains joueurs préfèrent rester sur la ligne de base, tandis que d'autres préfèrent se précipiter au filet

Ce livre va vous donner la réponse à vos questions sur les stratégies adéquates pour chacun d'entre eux. Ces 32 stratégies vont vous apprendre à battre de nombreux types de joueurs et vous aidera à surmonter les obstacles mentaux à travers des stratégies mentales spécifiques qui sont inclus dans ce livre. Plus de stratégies et de tactiques que vous connaissez plus sera mieux c'est pour vous. Pour plus de superbes vidéos de tennis et des livres, aller à www.tennisvideostore.com

INTRODUCTION

La préparation et le tactique que vous devez choisir avant chaque match jouent un rôle très important dans les compétitions de tennis. Le savoir d' appliquer ces stratégies et ces idées peux vous aider à gagner plus de matches contre des adversaires plus forts que vous.

Ces stratégies et ces idées vous permettront d'optimiser trois choses:

1. Être prêt à un genre spécifique d' adversaire.
2. Savoir quelle contre-stratégie peut être efficacement utilisé.
3. Comment appliquer ces stratégies en fonction de vos capacités de jeu.

Ce livre de stratégies et préparations pour les matchs de tennis est un livre de poche qui doit être conservé dans votre sac de tennis ou votre endroit le plus préféré pour qu'il soit vite consulté avant chaque matche, ce qui vous permet de choisir la stratégie la plus approprié contre votre adversaire .

À PROPOS DE L' AUTEUR

Bonjour, je m'appell joseph correa, je suis formateur et enseignant du tennis depuis plus de 15 ans. j'ai été joueur professionnel de tennis pendant plusieurs années, mais maintenant, je suis un entraîneur professionnel certifié USPTR.

Durant des années de compétition et de formation dans le milieu du Tennis professionnels et entouré de personnels comptés parmis les meilleur du monde du tennis, j'ai realisé que la plupart des joueurs peuvent bien réussir les compétitions en s'appuyant seulement sur une bonne formation physique, et psychique.

Pour cela j'ai pour vous une édition composée de DVD et de livres basés sur des techniques prouvées scientifiquement, des exercices et des stages primordials, qui doivent être appliqués en pas à pas pour bien atteindre vos objectifs.Grâce à ces supports pédagogiques, j'ai aidé des centaines de joueurs de tennis amateurs et professionnels a atteindre des résultats physiques et psychiques de plus en plus progressifs, ce qui a améliorer a courte terme, leurs rendement et leurs efficacité dans le terrain.

Ces formations théoriques mais également pratiques vont vous guidez dans les raccourci de la réussite et le gloire en tennis, amusez vous bien, et n'oublier pas de partager ces leçons et ces idées avec vos proches.
Et pour en savoir plus sur les différentes leçons de mes livres et DVD, allez à: www.tennisvideostore.com
D'autres livres seront réalisés avec des exercices et des techniques plus avancés.

TABLE DES MATIÈRES

Description

Introduction

A propos de l'auteur

Chapitre 1: Contre un jeu de base

Chapitre 2 Contre un jeu avancé :

Chapitre 3 Contre un jeu inhabituel

Chapitre 4: Strategies mentales

Autres titres par Joseph Correa

CHAPITRE 1:

Contre un jeu basique (les règles fondamentales)

1. Comment battre un joueur qui prefère la ligne de fond

Problème:

Un bon joueur de ligne de fond, est à l'aise à cette ligne et préfère ne pas monter au filet, pour ce là, la meilleure stratégie serait de le faire monter au filet en s'appuyant sur des coups défensifs où il sera dans une mauvaise situation et va probablement abondonné ce coup ou tout simplement rater une volée facile .

Solution :

Une des meilleures manières de vaincre ce type de joueurs est de les amener au fil en s'appuyant sur l'un de ces coups :

- un coup court a effet rétro ou (short slice)
- un coup amorti (drop shot)
- un coup court et lifté (short topspin)
- un coup angle courte (short angle).

Si vous optez un slice, l'adversaire sera obligé de venir au filet et si le coup est très court, il devrait quitter la ligne de fond et se précipiter pour essayer une reprise de volée ou un coup au-dessus.

Si vous frappez un coup amorti ou (drop shot), vous ne laissez aucun choix à votre adversaire qui devra se présenter au filet pour intervenir à l'intérieur des carrés de services.

Si votre choix est un coup court et lifté (short topspin), il ne sera pas obligé de venir au filet seulement, mais il sera dans une très mauvaise position dans le terrain si il ne le fait pas, et vous pouvez alors profiter de son mauvais positionnement en frappant la balle tout simplement derrière lui.

Si vous frappez avec un court angle (short angle), là aussi il sera dans une très mauvaise position s'il ne couvre pas en essayant de venir au filet.

Si vous avez une bonne frappe, alors il faut frapper en volée ou simplement se précipiter au filet pour le surprendre et avoir à chaque fois des erreurs qui signifient des points gratuits.

2. Que faire contre un joueur qui précipite au filet ?

Problème :

Ce type de joueur, préfère toujours précipité au filet en deuxième service, en coups faibles et en coups courtes. Ses meilleurs coups sont probablement le volée et les coups au-dessus. Mais il précipite aussi bien au filet après son service. Il gagne des points les plus souvent en mettant ses adversaires sous pression près des filets, ce qui les forcent a commettre des erreurs et des mauvais décisions.

Solution :

Les meilleurs solutions sont celles qui force ce genre de joueur de rester au niveau de la ligne de fond dès le premier service,bien sûr on diminuant un peu la force du premier service, ce qui garde la balle à l'intérieur de la case.Aussi frappez des lifts (topspin) profonds pour le laisser loin des filets. Mais au cas où il atteint les filets, vous devez :

- faire une passe vers la limite de la ligne
- faire une passe vers l'autre bout du terrain
-faire une passe à courte angle
-lobez la balle avec une frappe plat, lifté ou slicé sur son coté revers
-Frapper la balle directement sur son corps pour le le ralentir et le garder hors de sa garde.

3. Que faire contre le joueur qui opte la contre-attaque

Problème :

Celui-là, n'est pas le genre à prendre l'initiative du jeu, il attend toujours votre décision et par la suite votre frappe. Si vous monter aux filets, il va vous faire une longue passe, si vous attaquez en frappant fort la balle il va utiliser cette force pour ouvrir le jeu dans tous le terrain. Ce type est un grand problème si vous ne savez pas exactement ce que vous devez faire tant que vous jouez plus rapide et plus fort, ça ne fait que l'arrangé. Y a que une bonne stratégie concise qui pourra vous aidez à le battre.

Solution :

Pour battre le joueur à contre-attaque, vous devez comprendre que la plupart du temps, si vous voulez attaquer, vous devez vous assurer que vous avez un plan à l'avance, que vous pouvez mettre en pratique pendant le jeu. Quelques exemples :

- servir un coup large, et après frappez dans la cour ouverte

- frappez dans la cour ouverte et après suivez votre coup à l'intérieur vers les filets pour mettre votre adversaire en pression et fermez le jeu.

- frappez un coup court pour le forcer a prendre l'initiative de monter aux filets.

4. Comment battre les joueurs forts en service et en volée

Problème :

Les joueurs qui s'appuient sur leurs services et leurs volées sont très rapides et décisifs, lorsqu'ils ont l' occasion de fermer un jeu, ils ne ratent souvent pas cette occasion. Ils peuvent servir très fort et ou avec effet et après ils suivent directement aux filets.

Solution :

La meilleur stratégie contre ce genre de jeu est de ralentir ces joueurs et les stoppés quand ils rentrent dedans. Les 3 meilleures solutions seront :

- retournez leurs services vers leurs pieds pour les obligés à faire des demi-volées
- retournez leurs services vers leurs corps afin quils vous donne l'occasion de faire un volée; à vrai dire, ce n'est pas

une bonne idée pour les ralentir mais ça marchera bien si vous n'arrivez pas à les battre par d'autres moyens.

- lobez les, seulement retournez la balle plus haut et profonde et retrouvez votre positionnement au cas où ils essayent un coup fort au-dessus dans l'air, parce que si vous lobez beaucoup plus, ils auront l' opportunité de s'arrêter complètement et tire prendre le temps de bien au-dessus, mais ce n'est pas tout le temps facile à le faire surtout quand y a du vent, au midi, y a trop de soleil qui gêne leurs yeux ou bien dans la nuit où ils peuvent pas bien évaluer les distances.

5. Comment faire contre le joueur parfait

Problème :

Le joueur parfait peut perfectionner tous les stratégies ; service et volée, le contre-attaque, être rapide pour joindre les filets, patient et consistant derrière. Tous les joueurs travail dur pour avoir le profil parfait de sorte qu'ils ne laisse pas des faiblesses profitable par les adversaires.

Solution :

Le joueur parfait est toujours bon sur tous les plans mais cela ne signifie pas qu'ils n'ont pas des faiblesses. Concentrez-vous sur ce qu'il ne perfectionne pas et essayez le plus possible de jouer sur ces points faibles.
Par exemple : si il a un faible revers et que vous avez un puissant coup droit, il faut que vous frappez vers son revers pour retourner par la suite un coup droit puissant, continuez à mettre la pression sur son revers jusqu'à que

vous aurais l'occasion de monter aux filets ou de mettre la balle loin de lui. Comme ça vous le forcer à jouer en suivant votre meilleur style de jeu.

6. Comment surmonter le lobbeur

Problème :

Un jour qui lob ou frappe toujours la balle en haut peut être très difficile de jouer contre lui parfois même il vous désespère et vous force à perdre votre patience, quand vous attaquez, il ralentit le jeu avec les lobs, quand vous remonter aux filets vous savais déjà que vous allez frapper au-dessus.

Solution :

Votre adversaire vous surmonte largement en pourcentage de frappe, et vous ne voulais pas perdre le match, le meilleur plan sera de le faire sortir de sa confortable position dans le terrain vers une autre où ça sera difficile pour lui de frapper des lobs. et cela peut être réalisable en frappant la balle dans des courtes angles où il sera obligé de sortir de la cour arrière et les côtés, ce qui rend la réalisation d'un lob puissant beaucoup plus difficile car la distance de la zone arrière est court par rapport si il se tenais derrière la ligne de base.

Une autre façon de gêner ce genre de joueur est simplement de le faire remonter au filet en frappant des coups amortis (drop shots), une fois aux filets vous pouvez alors frappez une volée ou un coup au-dessus mais non pas un lob !

Également, des coups courts et slicés peuvent être efficace tant que le lob retourné ne sera pas assez puissant seulement mais il sera un mauvais coup et par la suite vous pouvez frapper la balle juste derrière votre adversaire.

La dernière option contre un lobeur sera de frapper la balle dans l'air, de tel sorte que la balle ne rebondit jamais et cela peut être efficace si vous êtes debout à l'intérieur de la ligne de base et que vous préférez balancer les balles en l'air.

7. Comment battre le jour provocateur «pushers»

Problème :

Le joueur provocateur qui n'attaque généralement pas pendant le match, est un joueur qui réussis toujours à ne pas commettre des fautes, il vous attend à les commettre, ce qui crée une pression de plus sur vous.

Solution :

ce genre de joueur, doit être forcer à commettre des fautes, Une des meilleures façons de le pousser à le faire , c'est en l' amenant au filets avec un coup amorti 'drop shot' ou un coup court et puis tout simplement les rendre une volée ou un coup au-dessus, ce qui est généralement le jeu défavorable pour lui, puis qu'il préfère rester en zone arrière et garder la balle en un jeu régulier. Si vous perfectionner le jeu au niveau des filets, vous pouvez attaquer à ce niveau en frappant des coups courts et rapides qui par la suite force l'adversaire de faire une simple passe ou un lob. C'est deux stratégies sont très efficace contre ce style de jeu.

CHAPITRE 2

Contre un jeu avancé:

8. Que faire contre un joueur qui s'appuie sur un puissant lift

Problème :

Le jeu lifté puissant devient de plus en plus populaire aujourd'hui. Habituellement, la balle rebondit rapidement vers le haut ce qui rend difficile d'attaquer ou d'entrer vers le filet. Elle va soit vous forcer à reculer pour faire une passe soit avancer pour frapper la balle juste après quelle rebondit.

Solution:

Vous pouvez faire plusieurs choses pour contre attaquer les balles liftées et puissantes :

1 vous pouvez simplement reculer et frapper la balle dans une position confortable, de cette façon vous n'êtes pas obligé à sauter en hauteur et frapper la balle au-dessus ce qui est très difficile à atteindre pour beaucoup des joueurs.

2 Vous pouvez frapper la balle tant qu'elle n'est pas montée et qu'elle ne soit pas trop élevée. Cela nécessite plus de compétence, mais il peut être efficace si vous pouvez garder votre adversaire se précipite selon vos retours rapides en hauteur.

9. Comment battre le joueur qui s'appuie sur le slice

Problème :

Certains joueurs de tennis jouent seulement des coups slicé parce qu'ils le font avec succès ou ils ne savent peut être pas frappé d'autres types de coups et selon tel jeu, la balle sera lente et basse ce qui rend la stratégie d'attaque très difficile pour qu'elle soit réalisée.

Solution :

Être patient au long terme sera le moyen efficace contre ce type de joueurs, l'astuce est de ne pas frapper en force ces bas coups slicés, essayez de les frappés en bas tout en avançant. La meilleur façon de les amenés à manquer leurs frappe est soit de les envoyés loin puis vous fermez le filet quand ils frappent en retour un slice, soit de mixer des liftés bas et des liftés haut jusqu'à qu'ils ne retrouvent plus l'angle correcte et par la suite leurs coup sera soit trop faible et la balle sera dans le filet soit trop fort et alors sera à l'extérieur.

10. Comment retourner un service puissant:

Problème :

Les joueurs qui ont un service puissant sont des adversaires coriaces en raison de la vitesse à laquelle la balle vient vers vous. Elle vient trop vite et trop fort et sans avertissement.

Solution :

Gardez un court élan en arrière et déplacez vos pieds avant que la balle vient. Bien faire l'étape de split lors de l'impact de la raquette sur la balle pour améliorer votre temps de réaction. Apprenez à utiliser la puissance de votre adversaire par un simple renvoi bien placée de la balle. Plusieurs fois-vous remarqué que vous n'avez pas besoin de frapper la balle plus fort pour qu'il soit un bon retour de service et c'est la chose la plus importante à retenir. Déplacez vos pieds, gardez vos yeux sur la balle, prendre un court élan en arrière, et aller en l'avant quand vous frapper la balle pour réussir un renvoi plus efficace.

11. Comment rendre les coups amortis :

Problème :

Les coups amortis sont des bonnes armes à avoir car ils ne nécessitent pas de force. Rappelez-vous que la distance de l'autre côté de la cour est plus courte que la distance vers le filet. Quand vous frappez un coup amorti vous faite que votre adversaire coure une distance plus longue.

Solution :

Le meilleur renvoi d'un coup amorti est tout simplement de remettre un coup amorti. De cette façon, vous aurais la chance de ne pas être passé ou lobé ou même se visé. et comme ça vous obligez l'adversaire à une course en avant suivant un coup qu'ils ne s'attendaient pas. Le deuxième coup que vous pouvez frapper contre un retour amorti est un coup profond sur le côté retour le plus faible de votre adversaire, puis attendre simplement de frapper une volée ou au-dessus. Si vous voulez réduire la fréquence des coups amortis en retour de votre adversaire, vous pouvez frapper la balle forte dans la profondeur ou garder la balle très haute et profonde. Ainsi, il sera beaucoup plus difficile pour lui de frapper un coup amorti.

12. Comment surmonter le joueur qui cour beaucoup :

Problème :

Les joueurs coureurs sont des adversaires difficiles parce qu'ils ne donnent pas des occasions et ils obtiennent des passes en retour dans le jeu. Certains joueurs gagnent leurs matchs avec la vitesse absolue. Ils chassent balle après balle jusqu'à ce que leurs adversaires finissent par manquer leurs coups.

Solution :

Les coureurs ont toujours un coup plus faible. Il pourrait être leur revers, coup droit, service, volée, ou les coups au-dessus. Trouvez ce faible coup et commencer à attaquer cette faiblesse. Vous devez comprendre que leur plus grande force est leur vitesse de sorte que vous devez vous concentrer sur ce qu'ils font pire même si cela signifie ne pas frapper des coups gagnants. Vous devez être patient et de les provoquer à faire des erreurs avec leur faible coup. Insister et soyez persistant jusqu'à ce qu'ils commencent à faire des erreurs avec cette faiblesse et ne s'écartez pas de ce plan. Vous serez tenté de finir le jeu, mais il faut toujours coller ce plan au lieu de laisser votre adversaire faire son mieux en suivant toutes les balles. Pour battre ces types de joueurs attaquez leurs faiblesses et non leur vitesse parce que en jouant leurs vitesse sera par la suite plus difficiles à gagner les points. Rester dans ce plan et soyez persistant.

13. Comment jouer contre un bon joueur des coups droits :

Problème :

Les joueurs qui ont des puissants coups droits sont fréquents dans le tennis puisque tout le monde doit avoir cette arme afin de gagner plus de points, leur coup droit est leur coup le plus fort. Les coups droits puissants d'aujourd'hui sont devenus une nécessité pour gagner les points raison pour laquelle les joueurs travaillent dur pour que leurs coups droits deviennent plus rapides et plus forts, ce qui signifie que la balle doit aller plus vite et plus puissante dans les passes.

Solution :

Les coups droits forts sont puissants tant qu'ils sont frappés dans leur zone adéquate, ce qui est normalement entre les genoux et la hauteur des épaules. Si vous pouvez les forcés à frapper des coups en dessous de la hauteur de leurs genoux et au-dessus de la hauteur de leurs épaules, les chances feront que leurs coups droits ne seront pas assez puissants. Essayez de frapper des coups faibles slicés en retour de leurs coups droits ou des coups haut et liftés pour réduire la force qu'ils peuvent produire.

14. Que faire contre un joueur qui frappe la balle plus fort :

Problème :

Ces joureurs accablent leurs adversaires avec leurs deux bras et peuvent remporter souvent les points de départ avec un puissant service. Ils gagnent des points en frappant simplement plus que les autres.

Solution :

Vous avez besoin de ralentir ces gros frappeurs avec quelques coups qui ralentissent la vitesse de la balle comme : slices lents, slices dans les côtés, haut lifté, balles profondes, des amortis et des angles courts. Ces joueurs détestent les changements dans la vitesse de balle, car il les oblige à s'ajuster leurs coups dans la profondeur ou en hauteur ce qui ralentis la vitesse de la balle. Après un certain temps ces changements de vitesse, de rotation, et de hauteur fait que les gros frappeurs ralentirent leurs coups pour réduire leurs erreurs. Et quand vous savez que vous les avez fait sortir de leurs plans de jeu habituel vous pouvez commencer à gagner plus de points.

CHAPITRE 3 :

Contre un jeu inhabituel

15. Comment battre un joueur qui crie souvent :

Problème :

Ce genre peut être bruyant et distrayant. Il crie à chaque fois il a frappé la balle et va augmenter le volume de sa crie en fonction de la longueur du jeu, l'importance du jeu, ou selon son état de fatigue.

Solution :

Apprendre à se concentrer sur les aspects les plus importants de votre jeu comme la respiration et le jeu de jambes. Se concentrer trop sur ce que votre adversaire fait vous distrait et vous éloigne de jouer votre meilleur tennis. Trouvez des choses qui pourra vous aider à se concentrer plus entre les jeux comme : la fixation de vos chaînes, attacher vos chaînes de chaussures si elles ne sont pas liés ou lâche, éssuyer lorsque vous êtes en sueur. Si c'est trop de distraction pour vous, il suffit de crier aussi.

16. Comment battre le joueur lent :

Problème :

Les joueurs qui intentionnellement ralenti entre les jeux et les changements sont entrain de cherché à contrôler le temps du match, Certains joueurs ont besoin de jouer rapidement afin de maintenir leur rythme tandis que d'autres ne se dérangent pas de jouer plus lent. Ralentir un match quand vous perdez est une grande stratégie car il vous donne plus de temps pour corriger les erreurs que vous faites et revenir sur la piste. Par contre quand quelqu'un fait cela contre vous, il peut être difficile de trouver votre jeu à nouveau.

Solution :

Concentrez-vous sur ce que vous devez faire. Ne pas tomber dans leur piège en retardant le match. Il suffit de se tenir prêt à chaque fois et de leur montrer que vous êtes prêt à jouer.

17. Comment surmonter un joueur rapide :

Problème :

Certains joueurs aiment se précipiter entre les jeux, ne permettant pas à leurs adversaires de prendre leur temps et pensent que par la suite cela va vous provoquer à comettre plus d'erreurs si vous n'êtes pas habitué à ce genre de situation. Ils prennent généralement de courtes pauses d'eau et sont commencent toujours à servir avant que vous arrivez à la ligne de base pour retourner le service.

Solution :

Quand quelqu'un précipite constamment le jeu, le meilleur plan sera tout simplement de ralentir au niveau où vous vous sentez confortable et que vous êtes sures de ne pas faire des erreurs en raison d'être pressés. Certaines des meilleures façons d'y parvenir sont :

Boire de l'eau potable et de respirer lentement au cours de changements de jeu.

Mettre votre serviette sur le dos ou le côté entre les deux jeux et se sécher doucement pour ralentir le jeu.

Lier vos chaînes de chaussures avant de servir ou avant de retourner un service.

La fixation de vos cordes de raquettes avant de servir ou avant de retourner un service.

18. Comment battre le favori de la foule :

Problème :

Les joueurs préférés de la foule peuvent être bien encouragé pendant les jeux. Certains des foules et des membres de la famille peuvent crier très fort et intense entre les jeux ce qui rend difficile pour quiconque de se concentrer sur le match. Ils applaudissent quand vous perdez un point et pendant des jeux importants.

Solution :

Les favoris de la foule sont des adversaires difficiles quand ils gagnent, mais les choses deviennent très calmes quand ils perdent. Concentrez-vous sur le début du match pour rester au top. Plus calme et efficace que vous serez, le moins de bruit que vous entendrez de la foule. Certains de leurs fans, membres de la famille et d'autres gens vont tout simplement quitter le match ce qui signifie moins de distraction pour vous et par la suite des meilleurs résultats. Si vous êtes le genre de joueur qui bénéficie effectivement d'avoir une foule contre vous, tout en rivalisant, alors je vous recommande toujours que vous commencez à gagner et de continuer à rester sur le dessus jusqu'à ce que le match est terminé. Favoris de la foule ne sont que des favoris quand ils sont en train de gagner ou au moins avoir une chance de gagner, mais si vous pouvez prouver qu'ils n'ont aucune chance, vous aurez alors un match beaucoup plus facile.

19. Comment jouer contre des joueurs qui favorisent les angles courts :

Problème :

Les courtes angles sont grandes armes à avoir parce qu'ils obligent les joueurs à descendre de la ligne de base l'intérieur de la cour ou les côtés. Cela ouvre toute la cour pour votre adversaire et pratiquement leur permet d'avoir presque le contrôle total du jeu.

Solution :

La meilleure façon de contrer un tir en angle courte est de faire une des trois choses :
Suivez la balle au filet et couper l'angle qu'il venait de créer.
Retournez un angle croisé et reculez au milieu de la cour.
Frapper un coup amorti juste en face de vous pour amener votre adversaire au filet, puis couvrir le milieu de la cour pour bloquer toute possibilité d'un passe.

20. Comment contrer coups profonds et élevés :

Problème :

Coups élevés profondes, si fait régulièrement, provoquent de nombreuses erreurs de la plupart des joueurs de tennis. Ils vous poussent essentiellement loin derrière la ligne de base et ils vous obligent à frapper en réduisant la force que vous pouvez générer sur votre prochain coup. Même quand elles sont faites avec ou sans le lift, ils représentent toujours une menace et nécessitent une bonne contre-attaque.

Solution :

Coups élevés profondes peuvent être contrés dans un certain nombre de façons.
Vous pouvez revenir en arrière et remettre un autre coup profond haut et voir comment votre adversaire réagit à ce plan.
Vous pouvez frapper à la hausse dès que la balle rebondit.

Vous pouvez couper la balle pour la gardé basse et courte.

Outre la lutte contre leurs coups profonds élevés, vous pouvez aussi les empêcher de frapper ce type de coups par :

Frapper faible en angle courte.

Frappez la balle en l'air en appuyant sur une reprise de volée ou un balancement volée de sorte que vous faite atterrir la balle au profond.

slicez des coups faibles et courts qui forcent l'adversaire à entrer dans la cour et lui rendre beaucoup plus difficile de frapper avec précision un autre coup profond élevé .

21. Comment surmonter les revers élevés :

Problème :

Les revers élevés sont parmi les coups les plus gênants pour la plupart des joueurs, surtout si vous avez un revers à une main. Ils nécessitent plus de force pour ramener la balle dans la cour et ils ne sont normalement pas ceux à les retournés des coups haut.

Solution :

Vous pouvez surmonter les revers élevés de trois façons :
Vous pouvez courir derrière ce revers et frapper un coup droit.
Vous pouvez frapper votre revers à la hausse avant qu'il ne devient un revers élevé.
Vous pouvez revenir en arrière aussi loin que nécessaire pour frapper un mi-élevé ou faible revers de nouveau.

22. Comment battre le joueur à multi-coups :

Problème :

Les joueurs multi-coups frappent des balles peu orthodoxes avec des effets difficiles et généralement pas très bonne technique mais ils obtiennent la balle à l'intérieur et ne permettent pas facilement d'attaquer après leurs coups. Certains des coups ils peuvent s'appuyer sur son : coups slice, slice dans le coté, lifté à côté, et les coups amortis qui rebondissent et reviennent au filet et aussi des coups touchés.

Solution :

Quand vous ne savez pas à quoi s'attendre, la meilleure solution est de rester sur vos orteils et être prêt à frapper tous les types de coups. Assurez-vous que vous serais près de la balle comme elle peut se déplacer d'une manière inhabituelle. Si vous n'êtes pas à l'aise avec la façon dont la balle rebondit, attaquer vers le filet où vous frappez la balle en l'air et ne pas avoir se soucier de la façon dont la balle rebondit.

CHAPITRE 4:

Strategies mentales

23. Comment surmonter les nerfs :

Problème :

Être nerveux lors d'un match de tennis est une réaction naturelle. La chose importante est de ne pas laisser vos nerfs gênent votre performance. Parfois être trop nerveux vous rend immobile pendant des jeux importants et par la suite vous serez obligé à faire des erreurs stupides ou d'augmenter les chances de rater des coups faciles.

Solution :

Il ya un certain nombre de façons de surmonter les nerfs. Voici quelques-uns qui fonctionnent très bien pour la plupart des joueurs de tennis :

Déplacez vos pieds. Plusieurs fois lorsque vous êtes nerveux, vous arrêtez de bouger vos pieds ce qui augmente vos erreurs. Déplacer vos pieds plus et plus rapide vous aidera à répondre à mieux la balle et vous détendre pendant le jeu.

Respirez pendant l'entré et la sortie du jeu. L'entrée sera quand la balle vient vers vous et la sortie sera au moment de l'impact avec la balle. Mais aussi Quand vous ne jouez pas où elle est encore plus important de respirer profondément pour détendre vos muscles ce qui vous aide à rester concentrer sur votre stratégie à la place de ce que vous ressentez.

Réduire votre niveau d'intensité. Essayez la pensée positive de ce que vous envisagez de faire pendant le jeu et en respirant profondément et lentement pour diminuer votre rythme cardiaque .

24. Comment surmonter le stress dans un match:

Problème :

Le stress est un autre facteur naturel qui se produit lorsque vous vous sentez sous pression de la situation du jeu ou par des facteurs extérieures telles que la famille, les amis, être en retard, oubliant certains équipements de tennis ou les conditions météorologiques, etc

Solution :

Pour surmonter le stress, vous devez comprendre ce qui a fait ce stress en premier lieu. Si vous êtes en retard pour votre match, vous devez vous assurer de prendre votre temps et ne pas se précipiter. Vous ne pouvez pas rattraper le temps perdu en allant plus vite. Cela fait plus de promouvoir des coups manqués qu'autre chose. Si vous êtes stressé à propos de la météo et de sentir qu'il pourrait commencer à pleuvoir, vous devriez vous concentrer sur un seul jeu à la fois et de laisser le temps faire ce qu'il va faire, peu importe ce qui se passe dans le match. Si c'est un membre de la famille, c'est la cause du stress, vous devriez essayer de concentrer votre attention sur votre match et les empêcher de votre esprit si elles vous affectent négativement. Vous pouvez aussi leur demander de rester calme pendant le match ou tout simplement de partir et revenir après que le match est terminé. Les Membres de la famille veulent que vous réussissiez mais le stress du match peut être trop pour eux. Concentrez-vous sur ce qui est la cause du stress et de le résoudre de sorte que vous pouvez vous concentrer sur la victoire.

25. Comment rester concentré jusqu'à la fin :

Problème :

Rester concentré dans votre match jusqu'à la fin n'est pas une tâche facile car il exige beaucoup de travail. Certaines personnes commencent bien, mais finir terriblement à cause d'un manque de concentration. D'autres ne se concentrent pas assez longtemps pour fermer un jeu ou une manche.

Solution :

Rester concentré pendant tout le match nécessite un certain nombre d'astuces.
Vous devez avoir des rappels visuels qui vous aideront à garder votre esprit sur ce qui est plus important pour vous dans le match ou ce vous aide à gagner plus de jeu. Une des meilleures façons de le faire est d'avoir des notes écrites sur un morceau de papier que vous pouvez jeter

un coup d'oeil au cours des changements. De cette façon, vous gardez souvenir de ce que vous devez faire.

Notez sur un autocollant deux ou trois choses importantes qui vous aideront à rester concentré sur votre jeu et placer l'autocollant sur un endroit sûr sur votre raquette où il ne tombera pas. L'intérieur du col d'une raquette de tennis est un bon endroit pour mettre un autocollant. Le manche d'une raquette de tennis est situé entre la poignée et les cordes.

26. Que penser lors de changements :

Problème :

Changer - overs est l'un des moments les plus sous-utilisées à penser lors d'un match de tennis. Que devez-vous penser ? Vous êtes fatigué et assoiffé, alors pourquoi devriez-vous penser à quelque chose? Eh bien, le temps de changement est le meilleur moment pour faire ce qui est le plus important dans le tennis et c'est-à- penser pour trouver des solutions aux problèmes que vous rencontrez dans le match et finalement réussir.

Solution :

Au cours de changement, vous devez penser à ce qui vous fait gagner des points et ce qui vous fait perdre des points. Si vous ne gagnez pas de points, vous devez comprendre pourquoi.
Peut-être que votre adversaire prend le contrôle du jeu de départ et vous oblige à frapper des revers et ne vous

permet pas d'utiliser votre coup droit qui pourrait être votre coup gagnant.

Peut-être que vous n'avez pas bougé vos pieds assez et doivent commencer à se concentrer sur ce point.

Peut-être que vous êtes fatigué et que vous voulez gagner plus vite, mais vous ne savez pas comment, mais lors du passage vous réalisez que vous avez besoin d'être plus agressif et attaquer le filet plus ou frapper plus de coups amortis.

Peut-être que votre adversaire ne fait pas quelque chose de spécial et vous êtes le seul qui fait toutes les erreurs. Vous vous rendez compte et c'est ici que vous décidez que vous devez commencer à garder la balle en jeu plus ou forcer votre adversaire à faire plus d'erreurs.

27. Que penser avant un match :

Problème :

Avant le match , il est important de penser à certaines choses pour préparer votre plan d'attaque , mais il faut savoir que penser, fait une grande différence quand il s'agit de gagner ou de perdre .

Solution :

Oui, pendant le match, vous devez faire votre mieux de ne pas trop penser, mais c'est avant le match et pendant la préparation que vous devez certainement penser de ce que vous allez faire au moment du match de sorte que vous pouvez en " auto pilote " pendant le match et simplement exécuter ce que vous avais pensiez. Vous devriez penser à ce que vous devez faire le plus en succès.
Cela pourrait inclure :
Déplacer vos pieds.
Lançant la balle haute survotre service.

Donner suite à vos coups de fond.

Garder vos yeux sur la balle.

Ne pas se précipiter lors des jeux.

Attaquer les faiblesses de votre adversaire dès le début.

Attaquer vos adversaires en « deuxième service ».

De ne pas laisser l'environnement vous distraire.

28. Que penser de la nuit avant un match :

Problème :

La nuit avant le match vous devriez vous reposer et ne penser qu'à des choses que vous aurez le contrôle sur. Ne vous inquiétez pas par des choses qui ne vous bénéficier en aucune façon comme la pluie, le vent, etc Assurez-vous que votre corps et votre esprit se reposent bien la nuit avant le match et que vous n'allez pas commencer une nouvelle journée de fatigue ou de faiblesse.

Solution :

La nuit avant le match, vous devriez pratiquer la visualisation de la façon dont vous voulez jouer le lendemain. Vous pouvez imaginer des stratégies spécifiques que vous souhaitez effectuer tels que :
Les slices et l'attaque au filet.
Frapper des coups hauts liftés au revers de votre adversaire ou son côté le plus faible.

Après avoir croisé les longs échanges.

D'autres choses que vous pourriez visualiser la veille pourraient être:

Vous voir pourchasser des coups difficiles d'un coin à l'autre.

Debout confiant de après retourner un service.

Lançant la balle fièrement avant de servir.

Être motivé et énergique entre les deux points.

29. Que faire lorsque vous êtes en train de perdre:

Problème :

Lorsque vous êtes en train de perdre vos jeux, vous commencez à vous douter et commencer à se sentir que vous ne pourrez pas gagner le match. Il faut savoir comment faire pour changer des choses qui sont à la fois physique et émotionnelle.

Solution :

Lorsque vous perdez une manche, vous devez comprendre que la clé est de savoir vous perdez des points et où vous les gagnés.
Si vous rater beaucoup de coups hauts et c'est ce que votre adversaire si vous obligeant à frapper la plupart du temps, alors vous devriez essayer de remonter au filet plus et réduire la la fréquence des coups hauts que vous frappez dans la cour arrière.

Si vous perdez les longs échanges parce que votre niveau de forme physique n'est pas aussi fort que votre adversaire, vous devez trouver un moyen de points clés courtes. Vous pouvez mettre votre adversaire au filet plus souvent ou aller pour plus de coups gagnants.

30. Que faire quand vous êtes en train de gagner :

Problème :

Si vous avez gagné la première manche, vous avez un avantage émotionnel et psychologique sur le match qui pèse lourd. Que devez-vous faire dans la deuxième manche pour gagner le match ?

Solution :

Après avoir remporté la première manche, vous savez que votre adversaire va faire plus d'efforts pour revenir au score. En outre, vous savez que vous êtes près de la ligne d'arrivée puisque vous avez déjà terminé la moitié de la course.

La clé est de faire ces 3 choses :

Continuez à faire ce que vous avez fait jusqu'à gagner les jeux. Modifier une stratégie gagnante n'est pas le bon plan à ce stade. Ne pas faire des changements fous en étant moins agressif ou plus agressif.

Faire un effort supplémentaire pour les 3 premiers jeux du match afin que vous commenciez avec une très bonne avance. Cela démoralise l'adversaire et fait de telles sortes que le reste du match sera plus facile. 3-0 ou 2-0 ou 4-0 sont tous de très bons départs à un second ensemble.

Assurez-vous de rester au-dessus du score jusqu'à le match se termine et à ne pas laisser votre adversaire même envisager qu'il a une chance de gagner le match parce que si vous ne le faites pas, vous aurez certainement le regret plus tard.

31. Que faire quand vous avez une balle de match :

Problème :

La balle de match peut être visualisée de différentes façons. Avoir la bonne approche fait toute la différence. Être trop confiant ou vous douter sont à la fois des réactions très négatives communes mais à une balle de match. Ce que devez-vous faire ?

Solution :

La balle de match est la plus grande opportunité dans un match pour gagner. Assurez-vous que vous ne pensez pas trop pendant la balle de match. Gardez les choses simples. Quel que soit ce que vous a fait gagner pendant le match doit être répété au cours sans aucun doute et doit se faire avec précision. Si vous êtes nerveux, il suffit de respirer et bouger vos pieds jusqu'à que vous vous débarrasser de la nervosité. Ne pas regarder autour ou laissez-vous distraire.

Rappelez-vous : bâton avec le plan original !

32. Que faire après avoir purgé un double faute :

Problème :

Les Doubles fautes se reflètent en vous, émotionnellement et psychologiquement. Ils sont normaux et peuvent vous arriver lors d'un match plusieurs fois même si vous ne les faites pas trop souvent. La différence réside dans ce que vous faites et ce que vous pensez à faire après avoir commettre un double faute pour corriger la situation.

Solution :

Concentrez-vous sur ce que vous devez faire pour obtenir votre service dedans, le Deuxième service exige un degré élevé de contrôle parce que c'est votre dernière chance d'obtenir la balle dedans, il ne faut pas ajouter de pression par vous-même ou être nerveux. Assurez-vous de suivre ces 5 étapes pour commettre moins de double faute :

Soyez sélectif avec vos lancers. Ne pas frapper votre service comme tirage au sort. Prenez votre temps pour servir en succès.

Ne laissez pas votre motion de servir en précipitant le lancement.

Rebondir le ballon au moins 4 fois avant de servir ce qui vous permet de ralentir et ne pas se précipiter à servir.

Suivez votre balancement.

Gardez votre menton et la tête au moment de l'impact avec la balle de sorte que vous pouvez garder vos yeux sur la balle le plus longtemps possible.

Bonne chance pour vos match et rappelez-vous d'utiliser ces stratégies le plus souvent possible, elles vont vous aider à gagner plus de matchs.

Pour d'autres livres et vidéos s'il vous plaît visiter www.tennisvideostore.com ou aussi www.amazon.com

PLUS DE LIVRES PAR JOSEPH CORREA

1. Programme de formation en tennis pour Service plus fort

Ce DVD vous enseignera la manière de servir 10-20 mph plus rapide dans un programme de jour en jour de durée totale de 3 mois. Le meilleur programme de formation en service disposé sur le marché. Le Video comprend un programme de formation en 3 mois avec un manuelle en étape par étape.Le DVD va vous montré comment appliquer les exercices correctement ainsi que le processus que vous devez suivre afin de réussir le programme .

2. Les 33 lois de Tennis

Les 33 lois de Tennis est un livre de qui est plein de concepts précieux pour vous aider à devenir un joueur de tennis de mieux en mieux préparés. Ce livre a été écrit par un joueur de tennis professionnel et entraîneur aux Etats-Unis. C'est un livre très utile qui pourra vous servir lorsque vous y attendez le moins et vous rappellera de nombreux petites, mais importantes choses avant les compétitions .

3. Cardio et jeu des gambe en tennis par Joseph Correa

Être en meilleure forme et améliorer votre mobilité dedans et en dehors du terain de tennis.

L'entrainnement de vos pied permettra d'améliorer considérablement et renforcer non seulement votre coeur mais aussi votre corps.

Un régime est fait pour les athlètes sincères quel que soit leurs niveau. ils devient plus rapide, plus fort, et plus agile dans le terrain ainsi que de voir une amélioration continue de l'accélération dans leurs coups de fond et services.

4. Yoga Tennis par Joseph Correa

Yoga Tennis par Joseph Correa est un excellent moyen pour améliorer votre souplesse et agilité dans le terrain. Atteindre plus de balles et avoir moins de blessures.C'est un excellent moyen pour gagner plus en travaillant sur une autre qualité de jeu.Le DVD dure environ 30 minutes.

Utilisé par les joueurs de tennis amateurs et professionnels pour améliorer leur jeu et persister plus longtemps dans les matches.C'est le meilleur moyen pour qu'un joueur de tennis devient plus flexible et se débarrasser des blessures de genou, épaule , cuisse , mollet , et quadriceps.Vous serez heureux quand vous démarrez !

Il s'agit d'une version révisée de notre MBS Yoga Tennis 2012.

5. Le régime Vilcabamba

Un tres bon livre et exercices d' alimentation pour être en forme mais également vivre plus longtemps. IL est basé sur le mode de vie des gens d'un village en Equateur appelé "Vilcabamba" où la plupart de ses habitants vivent plus longtemps que la moyenne mondiale et qui sont en très bonne forme. Idéal pour les athlètes!

6. Tennis Abs par Joseph Correa

Tennis Abs est un excellent moyen de renforcer votre coeur pour émettre un service plus puissant,des coups droits, des revers ainsi que des volée plus forts.

Avoir la serie ABS est la clé pour un meilleur jeu. Ce DVD fonctionne sur de nombreux type's exercices pour des sit-ups, les abdominaux latéraux et le dos, que vous ne trouverez pas dans d'autres vidéos de musculation. Sentez-vous confiant lorsque vous changez votre chemise ou en frappant la balle plus fort!

www.ingramcontent.com/pod-product-compliance
Lightning Source LLC
Chambersburg PA
CBHW052122070526
44586CB00016B/2041